ALTER ego 1

Béatrix SAMPSONIS

Évaluation
Entraînement au
DELF A1

HACHETTE
Français langue étrangère

Contenu **CD audio**

1. Copyright

BILAN 1 – Dossiers 1, 2, 3
2. Activité 1
3. Activité 2
4. Activité 3

BILAN 2 – Dossiers 4, 5, 6
5. Activité 1
6. Activité 2

BILAN 3 – Dossiers 7, 8, 9
7. Activité 1
8. Activité 2

BILAN 4 – Dossiers 1 à 10
9. Activité 1
10. Activité 2

DELF A1 - Numéro 1
11. Exercice 1
12. Exercice 2
13. Exercice 3

DELF A1 - Numéro 2
14. Exercice 1
15. Exercice 2
16. Exercice 3

Intervenants
Couverture : Amarante
Création maquette intérieure : Médiamax/Amarante
Réalisation : Médiamax
Secrétaire d'édition : Vanessa Colnot
Illustrations : Jean-Marie Renard

Pour découvrir nos nouveautés, consulter notre catalogue en ligne, contacter nos diffuseurs ou nous écrire, rendez-vous sur Internet : www.fle.hachette-livre.fr

ISBN 978-2-01-155502-1

© Hachette Livre 2006, 43, quai de Grenelle, F 75 905 Paris Cedex 15.

Sommaire

Introduction

L'évaluation dans *Alter Ego* permet de valider les compétences de communication des apprenants. Ces compétences sont celles définies dans le Cadre Européen Commun de Référence, aujourd'hui standard européen et outil d'harmonisation partagé par les examens et diplômes jouissant d'une reconnaissance internationale : les DELF, les diplômes de l'Alliance Française de Paris et les diplômes de la CCIP.

Si dans le livre de l'élève l'objectif est de mettre en place les différentes étapes de réflexion nécessaires à une véritable auto-évaluation : fiches d'auto-évaluation vérifiées par un test dans chaque dossier, le **Carnet complémentaire, *Évaluation/Entraînement au DELF A1*** se veut un véritable **entraînement aux examens** correspondant au niveau CECR A1 et une préparation à ceux du niveau A2 :

CECR	Niveau A1	Niveau A2
	DELF A1	→ DELF A2 → Certificat d'Études de Français Pratique 1 (CEFP1)

Le Carnet se compose de six *Évaluations* : quatre correspondent exactement aux thèmes, au lexique et aux objectifs grammaticaux développés dans les dossiers de référence du livre élève, les deux derniers sont de véritables entraînements au DELF.

	Dossiers du livre correspondants	Niveau CECR correspondant
→ Bilan 1	1-2-3	A1
→ Bilan 2	4-5-6	A1
→ Bilan 3	7-8-9	A1/A2
→ Bilan 4	Synthèse des dossiers 1 à 10	A1/A2
→ DELF A1 – numéro 1	Entraînement DELF A1	A1
→ DELF A1 – numéro 2	Entraînement DELF A1	A1

Les bilans 1, 2, 3 et 4 reprennent rigoureusement les objectifs travaillés dans les leçons des dossiers en croisant les thèmes et les tâches. Chaque bilan se compose de quatre parties ou épreuves correspondant aux quatre compétences de communication authentiques :

- Compréhension écrite
- Compréhension orale
- Expression écrite
- Expression orale et interaction

Si les tests du guide pédagogique donnent la possibilité à l'enseignant de valider les compétences acquises par l'apprenant après chaque dossier, les *Évaluations* du Carnet permettent la même validation après une session complète d'apprentissage.

Les supports et les tâches sont authentiques et proches de la vie quotidienne.

L'enseignant dispose, pour chaque épreuve de production orale ou écrite, de barèmes et de critères, véritables outils pour une correction objective et pertinente. C'est pour l'enseignant le moyen de :

- partager les résultats obtenus avec d'autres collègues d'une même institution à partir des mêmes épreuves et barèmes, s'il le désire.
- mener une réflexion commune sur les moyens à mettre en œuvre en amont de l'apprentissage, voire résoudre les problèmes en équipe pédagogique si le besoin s'en fait sentir.
- mieux appréhender les points forts et les points faibles de ses apprenants.
- construire un véritable échange avec l'apprenant (mieux expliquer à l'apprenant ses progrès ou ses faiblesses) pour une meilleure motivation.

Voici, **par compétence**, la **liste des savoir-faire**, **objectifs communicatifs évalués**.

D ANS LE BILAN 1 (DOSSIERS 1, 2, 3)

Compréhension orale
Comprendre s'il s'agit d'une affirmation ou d'une interrogation.
Identifier le type du message ou de l'annonce entendu ainsi que la situation et son destinataire.
Comprendre des personnes qui se présentent et expriment leurs goûts.

Compréhension écrite
Comprendre des panneaux ou affichages publics et identifier le lieu où ils se trouvent.
Comprendre un message informel, en identifier l'auteur, le destinataire, la situation décrite, les informations factuelles contenues et l'opinion exprimée.

Expression orale
Prendre contact : saluer, se présenter...
Interagir en présentant une activité, informant, interrogeant...
Prendre rendez-vous et donner/demander des instructions pour s'y rendre...
Prendre congé.

Expression écrite
Rédiger un court message de présentation : présenter son identité, se décrire brièvement, parler de ses goûts, ses activités de loisirs...

D ANS LE BILAN 2 (DOSSIERS 4, 5, 6)

Compréhension orale
Percevoir et identifier les différents sons du français.
Identifier le contenu essentiel de documents oraux correspondant à des situations de communication simples et diverses de la vie quotidienne : annonces informatives publiques (lieux, heures..., météo), publicité simple sur des lieux associés à des loisirs.

Compréhension écrite
Comprendre de courts articles sur les activités de loisirs, la description d'une personne.
Comprendre une publicité promotionnelle pour des activités de détente.
Identifier les auteurs, les destinataires, les situations décrites, les informations factuelles contenues.
Identifier des faits, des informations, des opinions exprimées simplement.

Expression orale
Présenter quelqu'un de sa famille, la décrire physiquement, parler de ses activités, de ses goûts...
Exprimer un point de vue simple sur une personne.

ou

Interagir au téléphone : saluer, se présenter, prendre congé.
Proposer un programme d'activités de loisirs (lieu, temps, activités).
Répondre à des questions sur ce programme.
Fixer un rendez-vous.

Expression écrite
Rédiger une brève carte d'invitation : expliquer la raison d'un événement de façon simple, donner des informations sur le lieu, le temps, les activités projetées.
Poser quelques questions.

Introduction

Dans le bilan 3 (dossiers 7, 8, 9)

Compréhension orale
Percevoir et identifier les différents sons du français : discrimination phonétique.
Identifier le contenu essentiel de documents oraux correspondant à des situations de communication simples et diverses de la vie quotidienne (descriptives, narratives, informatives, argumentatives simples, persuasives...) : annonce personnelle sur répondeur, annonce de programme télévisé, dialogue informel traitant de la réservation de billets de spectacle, micro-trottoir (différentes personnes exprimant leur opinion).

Compréhension écrite
Comprendre de courts documents correspondant à des situations rencontrées dans les domaines publics, personnels : court extrait littéraire, liste de conseils pratiques, affiche de spectacle, enquête.
Comprendre les souhaits de personnes en rapport avec des vêtements ou accessoires.

Expression orale
Exprimer son point de vue, réagir à des phrases déclencheurs portant sur la vie quotidienne. Argumenter de manière simple mais cohérente. Illustrer son point de vue par des exemples vécus simples.
Interagir simplement dans la discussion.

Expression écrite
Rédiger une carte postale amicale de récit passé, présent.
Se situer dans le temps et l'espace.
Décrire les lieux, les personnes, les activités.
Exprimer son opinion, porter une appréciation positive/négative.
Faire une invitation. Rédiger un texte simple suivi et articulé.

Dans le bilan 4 (dossiers 1 à 10)

Compréhension orale
Percevoir et identifier les différents sons du français : discrimination phonétique.
Identifier le contenu essentiel de documents oraux correspondant à des situations de communication simple et diverses de la vie quotidienne (descriptive, narrative, informative, expressive...) : annonce personnelle sur répondeur, dialogues formels traitant de rendez-vous professionnel et d'échanges dans un magasin.

Compréhension écrite
Comprendre de courts documents correspondant à des situations rencontrées dans les domaines publics, personnels : dépliant touristique, extrait de témoignage biographique, fait divers.
Identifier des faits, des informations, des points de vue et sentiments exprimés simplement.
Identifier la fonction de différents extraits de correspondance formelle ou informelle.

Expression orale
Présenter une personne, sa biographie, son action ou s'exprimer à partir de différentes opinions proposées.
Exprimer son point de vue simplement, donner des exemples personnels. Argumenter de manière simple mais cohérente.
Réagir en interaction.

Expression écrite
Rédiger une lettre amicale de récit présent liée à une expérience professionnelle. Se situer dans le temps et l'espace.
Décrire les lieux, les activités.
Parler de ses relations avec les personnes.
Exprimer une appréciation positive/ négative. Faire une invitation. Rédiger un texte simple suivi et articulé.

Les deux dernières évaluations (DELF A1 – n° 1/DELF A1 – n° 2) sont des entraînements au **nouveau DELF A1**. Elles sont construites sur la maquette même de ces nouveaux diplômes. Elles offrent aux apprenants la possibilité de se familiariser au format et au contenu de ces épreuves en compréhension écrite et orale et en production écrite et orale.

Évaluations complémentaires

et

préparation au DELF

COMPRÉHENSION ORALE

Intonation

(25 pts)

(6 pts)

Voici 4 affirmations et 4 questions. Écoutez ces phrases une seule fois et notez votre réponse comme dans les exemples.

	• Affirmation	? • Question
Exemple		X
Exemple	X	
1		
2		
3		
4		
5		
6		

Compréhension d'annonces, de messages...

(8 pts)

Voici 8 annonces publiques, messages personnels ou professionnels.
Écoutez une seule fois et identifiez le type du message (cochez votre réponse dans le tableau ci-dessous).

	Annonce dans un lieu public	Message personnel	Message professionnel
1			
2			
3			
4			
5			
6			
7			
8			

Compréhension d'échanges simples sur des sujets familiers

Voici une émission de radio. Un journaliste interroge cinq jeunes.
D'abord, vous avez 1 min pour lire les questions.
Première écoute : concentrez-vous sur le document.
Deuxième écoute : répondez aux questions.
À la fin, vous avez 1 min pour vérifier vos réponses.

Répondez aux questions ou entourez la lettre correcte.

1. Le journaliste demande aux jeunes :

   A. Quelle est votre vie à Paris ?
   B. Qu'est-ce que vous préférez dans la ville ?
   C. Où voulez-vous habiter ?

2. Quelle est leur nationalité ?

	australienne	grecque	américaine	chinoise	brésilienne
Lee					
Kate					
Yannis					
Carla					
Steve					

3. Lee adore

   A. se promener dans le quartier chinois.
   B. demander un thé comme en Chine.
   C. aller dans les magasins chinois.

4. Kate parle

   A. des bus parisiens.
   B. d'un bateau de 8 places.
   C. d'un moyen de transport original.

5. Pour Yannis, qu'est-ce qui est formidable ?

   A. rencontrer des étrangers de tous les pays
   B. goûter la cuisine internationale
   C. parler les langues du monde entier

6. Carla parle de la rue des Lombards pour

   A. ses discothèques.
   B. ses cafés.
   C. ses restaurants.

7. Steve dit que les glaces sont merveilleuses, où ?

   A. dans son quartier
   B. à Saint Louis
   C. dans une île de la ville

COMPRÉHENSION ÉCRITE

Lire pour s'orienter

(20 pts)

(7 pts)

Observez ces 14 affiches. Où ces affiches se trouvent-elles habituellement ?
Notez le numéro de l'affiche qui correspond au lieu où elle se trouve, dans le tableau de la p. 12.
(Attention il y a plusieurs affiches pour un même lieu.)

0.

STATIONNEMENT
AUTORISÉ
DU 1ER AU 15

1.

– 50 %
Derniers jours !!!

2.

SALLE
À L'ÉTAGE

SERVICE MIDI
ET SOIR

3.

PIÉTONS
TRAVERSÉE
OBLIGATOIRE

4.

EN SERVICE

5.

PROCHAIN TRAIN : 3 MIN

6.

INTERDIT

SAUF
TAXIS

7.

... Bienvenue à bord de la ligne 96. ... Nous vous souhaitons un bon voyage. ... Bienvenue à bord de la ligne

8.

CAISSES
au premier
étage

9.

SÉANCES DU MATIN :

films tous les jours à 10 H 30

10.

Non-fumeurs :
salle au fond

11.

Chèque et CB

à partir de **10 euros**

12.

TIONS...   INFORMATIONS ...INFOR

PROCHAIN DÉPART POUR LYON

RETARD PRÉVU : 5 MIN

13.

Le secrétariat
est ouvert

de 9 h 00
à 16 h 00

14.

Suite à des difficultés
de circulation :

| Arrivée station MONTPARNASSE : | 30 min |

Dans la rue	Dans un magasin	Sur un distributeur automatique de billets	Sur la porte d'un cinéma	Dans une gare	Dans une école	Dans le bus	Sur la porte d'un restaurant
0, 3, 6							

Comprendre un message simple sur un sujet familier

(13 pts)

Lucas écrit un message électronique à Marco.
Son message est dans le désordre.

1

Remettez le message dans l'ordre et complétez le tableau ci-dessous.

(3 pts)

✉ Envoyer maintenant 🖼 📋 🔗 ▾ 🗑 📎 ✎ ▾ 🗐 Options ▾ ⇅ 🎞 Insérer ▾ ☰ Catégories ▾

A.
Aujourd'hui mardi, je vais voir un match au Stade de France !

B.
Ce soir, j'ai rendez-vous avec une amie hollandaise dans un bistrot près de chez moi. C'est super !

C.
Salut Marco,

D.
Je suis à Paris. J'habite dans le quartier de Montmartre. Il y a beaucoup d'étudiants de toutes les nationalités : espagnols, italiens… C'est sympa, on peut se faire des amis facilement !

E.
Je rentre dimanche à 22 h 00 avec mes photos, viens à l'aéroport !
Lucas

F.
Demain, je veux faire une balade en bateau sur la Seine :

G.
Il y a un restaurant sur le bateau, on déjeune pendant la promenade. Je prends beaucoup de photos !!

1	2	3	4	5	6	7
C						

2

Entourez la lettre correcte ou notez la réponse.

1. Lucas écrit

A. à son professeur.
B. à son ami.
C. à son père.

2. Lucas est à Paris

(10 pts)

A. pour le travail.
B. pour les études.
C. pour les vacances.

3. Complétez le programme de Lucas sur son agenda (4 informations).

Mardi 9			Mercredi 10
6 h 00..	○ ○		6 h 00..
7 h 00..	○ ○		7 h 00..
8 h 00..			8 h 00..
9 h 00..	○ ○		9 h 00..
10 h 00..	○ ○		10 h 00..
11 h 00..	○ ○		11 h 00..
12 h 00..			12 h 00..
13 h 00..			13 h 00..
14 h 00..	○ ○		14 h 00..
15 h 00..	○ ○		15 h 00..
16 h 00..	○ ○		16 h 00..
17 h 00..			17 h 00..
18 h 00			18 h 00 ....
19 h 00..	○ ○		19 h 00..
20 h 00..	○ ○		20 h 00..
21 h 00..	○ ○		21 h 00..

4. Ce soir Lucas a rendez-vous avec

A. des amis italiens.
B. une étudiante hollandaise.
C. Marco.

5. Lucas est content d'être à Paris. Qu'est-ce qu'il dit ? Notez 2 mots qui montrent qu'il est content.

• C'est ....

• C'est ....

6. Lucas rentre

• quel jour ? ....

• à quelle heure ? ....

7. Il rentre

A. en voiture.
B. en train.
C. en avion.

EXPRESSION ÉCRITE

(20 pts)

Écrire un message simple et bref pour donner des renseignements

Vous écrivez un court message électronique à Netclub (environ 50 mots) pour vous faire des amis en France. Vous répondez précisément à tous les points demandés.

Vous voulez vous faire des amis ?

Sur Internet, c'est facile...

Pour vous faire connaître, vous passez
une annonce si possible avec une photo.

Pour cela, vous vous présentez :
prénom, âge, ville où vous habitez, apparence physique,
situation familiale, profession, goûts, activités de loisirs...

www.netclub.fr

📩 Envoyer maintenant · · · 🗑 · · Options ▾ · 🎞 Insérer ▾ · ☰ Catégories ▾

....
....
....
....
....
....
....

Avant de commencer, réfléchissez à ce qui est demandé :

- écrire un message amical ;
- vous présenter : dire votre prénom, votre âge, votre adresse, votre état civil ;
- vous décrire physiquement ;
- parler de vos goûts ;
- parler de vos activités professionnelles et de loisirs.

Voici la grille qui va évaluer votre travail :

✓ **Adéquation au sujet :**	8 pts
• Capacité à se présenter	2
• Capacité à se décrire	2
• Capacité à parler de ses goûts et loisirs	4
✓ **Lisibilité de la production**	2 pts
✓ **Compétence linguistique :**	10 pts
• Exactitude morphosyntaxique	6
• Richesse lexicale	4

EXPRESSION ORALE ET INTERACTION

(20 pts)

∎nteragir de façon simple sur un sujet familier

Intéressé(e) par une de ces propositions, vous téléphonez à la personne de l'annonce.
Jouez le dialogue.

...Annonces...

Jeune homme ou jeune fille pour garder un petit garçon après l'école.
Amélie Gropman
Tél : 03 45 56 67 78

Vieille dame cherche quelqu'un pour l'accompagner dans les magasins.
Denise Peltier
Tél : 01 35 26 98 54

Maman cherche jeune homme ou jeune fille pour laver ses fenêtres.
Jeanne Dupré
Tél : 01 85 43 27 99

Cherche étudiant(e) pour garder mon chien pendant le prochain week-end.
Julien Lepas
Tél : 06 13 24 47 07

Cherchons jeunes pour arroser nos fleurs et couper l'herbe dans notre jardin.
Pierre et Marie Pons
Tél : 04 53 76 97 21

Je cherche étudiant(e) pour donner des cours de langue.
Étienne Odon
Tél : 06 57 42 69 12

Savoir-faire :

Vous

※ saluer ;

※ se présenter ;

※ poser des questions sur l'activité demandée
(lieu, personne, prix...) ;

※ parler de ses goûts et activités... ;

※ poser des questions sur le rendez-vous
et comment y aller... ;

※ prendre congé.

La personne de l'annonce

※ saluer ;

※ se présenter ;

※ demander un travail..., informer, répondre
aux questions posées ;

※ poser des questions sur les goûts,
les activités de loisirs... ;

※ fixer un rendez-vous ;

※ donner des instructions pour aller sur un lieu ;

※ prendre congé.

Voici la grille qui va évaluer votre travail :

✓ Capacité à communiquer :	10 pts
• Adaptation à la situation proposée	3
• Adéquation des actes de parole	4
• Capacité à répondre aux questions de l'interlocuteur, à relancer l'échange	3
✓ Compétence linguistique :	10 pts
• Compétence phonétique	3
• Compétence morphosyntaxique	4
• Richesse lexicale	3

Bilan 2

Activité phonétique

(25 pts)

(5 pts)

Écoutez ces 10 phrases.
La phrase écrite correspond à la phrase entendue : cochez oui.
La phrase écrite ne correspond pas à la phrase entendue : cochez non.
Chaque phrase n'est prononcée qu'une seule fois. Il y a 3 secondes entre chaque phrase.

	OUI	NON
1. Il habite trente-trois rue du Louvre.	☐	☐
2. Ce vin est mauvais.	☐	☐
3. Il a soixante et onze ans.	☐	☐
4. Ça coûte deux euros.	☐	☐
5. Ils ont des enfants.	☐	☐
6. Que c'est beau !	☐	☐
7. Elles vont dormir.	☐	☐
8. Ils habitent en Suisse.	☐	☐
9. J'ai rencontré un ami.	☐	☐
10. Ils sont gagnés.	☐	☐

Compréhension d'annonces, de messages, d'échanges simples

(20 pts)

Vous allez entendre 6 extraits sonores 2 fois.
Avant chaque extrait, vous avez quelques secondes pour lire les questions correspondantes.
Après chaque extrait, vous avez quelques secondes pour répondre (entourez la lettre correcte ou notez la réponse).

1

Extrait 1
Complétez le tableau d'affichage à la gare.

(3 pts)

Train n°	Provenance	Destination	Voie	Temps d'arrêt
....	Marseille	Toulouse	....	....

2
Extrait 2
Entourez la réponse correcte.

(3 pts)

1. Le vol AF 305

    A. vient seulement d'arriver.
    B. a du retard.
    C. ne part plus.

2. Pourquoi ?

    A. L'avion a un problème technique.
    B. Le temps est très mauvais.
    C. Le trafic aérien est trop chargé.

3. Les passagers doivent

    A. reprendre leurs bagages.
    B. attendre en salle d'embarquement.
    C. aller demander des renseignements.

3
Extrait 3
Complétez l'affiche à la porte du magasin Prixfou.

(4 pts)

Ouverture exceptionnelle
les .... 7 et 14 ....
de ...... heures à ...... heures
sans interruption.

4
Extrait 4
Entourez la lettre correcte ou notez la réponse.

(3 pts)

1. Quel temps annonce-t-on pour aujourd'hui ?

    A. de la neige
    B. des nuages
    C. du soleil

2. Quelles sont les températures ?

    .... au nord
    .... au sud

5

Extrait 5
Entourez la lettre correcte ou notez la réponse.
Justine a rendez-vous avec Étienne.

(2 pts)

1. Où ?

A. au café de la mairie
B. place du nord
C. près du jardin

2. Quand ?   à .... heures ......

6

Extrait 6
Entourez la (ou les) lettre(s) correcte(s).

1. Cette personne parle de la région Rhône-Alpes. Elle

(5 pts)

A. raconte son dernier week-end.
B. présente un guide touristique.
C. fait de la publicité pour cette région.

2. De quelles activités parle-t-elle ? (4 réponses)

A. faire du vélo
B. faire de l'équitation
C. faire du bateau

D. nager
E. skier
F. danser

G. aller au théâtre
H. visiter des expositions
I. faire du shopping

COMPRÉHENSION ÉCRITE

(20 pts)

Lire pour s'orienter et s'informer

(12 pts)

Lisez les 3 textes suivants et répondez aux questions.

1

Entourez la lettre correcte ou notez votre réponse.

(3 pts)

**INITIATION À LA PLONGÉE SOUS-MARINE, À LA VOILE, À L'ÉQUITATION,
AU VÉLO TOUT TERRAIN SUR 22 SENTIERS...**

Les sportifs vont être à la fête pour ce week-end de deux nuits
en Normandie.
Hébergement dans des bungalows en pleine nature au bord d'un lac
(10 personnes par bungalow),
repas assurés

Pension complète pour deux nuits : 78 euros par personne.

1. Ce texte est une publicité

    A. pour une randonnée en montagne.
    B. pour quelques jours à la campagne.
    C. pour une fête en Normandie.

2. Il s'adresse

    A. à des familles avec de petits enfants.
    B. à des sportifs professionnels.
    C. à des amateurs de sport et détente.

3. La nuit, on propose

    A. de dormir en chambres doubles.
    B. de partager son logement avec une dizaine de personnes.
    C. de louer des tentes de camping.

2
Répondez aux questions.

(4 pts)

La mariée de l'an III

Le 25 septembre 2003, l'actrice Clotilde Courau a épousé Emmanuel-Philibert de Savoie, héritier du trône d'Italie. Là, elle a joué le plus beau rôle de sa vie !
Et même si toute l'aristocratie européenne ne s'est pas déplacée pour la circonstance, elle, elle s'est montrée digne des plus grandes. Pour l'occasion, elle a suivi le sérieux protocole et elle a revêtu toute la panoplie royale : diadème, robe luxueuse et chaussures signées par les plus grands couturiers. Sans parler de son léger et élégant geste de la main pour saluer… Une réussite, donc, pour celle qui devient Altesse royale et princesse européenne !

1. Pourquoi dit-on que Clotilde Courau est la mariée de l'an III ?

....

2. Quelle est l'opinion de l'auteur de l'article ? Notez le mot qu'il utilise pour résumer son opinion.

....

3

Entourez la lettre correcte.

(5 pts)

Mesdames, Mesdemoiselles,

C'est le printemps et les vacances ne sont plus très loin.
C'est pourquoi JEM, votre centre de remise en forme,
a pensé à vous et vous propose :

une semaine « **Rien que pour elles** »

à toutes les jeunes filles, jeunes femmes

nous offrons une semaine dans notre club

pour s'occuper seulement de vous !

JEM, c'est 800 m² d'activités : aqua-gym, espace
détente, massage, danse…

JEM, c'est également un réseau national de plus de
30 clubs en France.

Venez vite profiter de cette offre et faites-la partager
à deux de vos amies, nous nous occupons du reste !
À très bientôt !

Toute l'équipe de JEM

Merci de présenter ce document lors de votre venue au club.

1. Cette lettre s'adresse
   A. à tous.
   B. aux couples.
   C. aux femmes.

2. JEM propose
   A. des activités de détente gratuites.
   B. des stages de stretching à prix réduits.
   C. des cours d'initiation aux plaisirs aquatiques.

3. Cette offre est valable
   A. aujourd'hui seulement.
   B. pour une semaine.
   C. tout le mois.

4. Où ?
   A. au centre JEM de Paris exclusivement
   B. dans les 30 clubs JEM en France et à l'étranger
   C. dans tous les centres JEM français

5. Pour combien de personnes ?
   A. une personne
   B. deux personnes
   C. trois personnes

Lire pour s'informer et discuter

(8 pts)

Lisez le texte ci-dessous et répondez aux questions.

COMMENT PROFITENT-ILS DE LEUR TEMPS LIBRE ?

Depuis quelques années les Français ont plus de temps libre. Avec la réduction du temps de travail (RTT), ils ont des jours de repos en plus. Quatre personnes ont accepté de répondre à une enquête de notre journal sur leur temps libre pendant ces jours de repos. Voici leur témoignage.

Joël

Je profite de mes jours de repos supplémentaires pour rallonger des week-ends et partir plus souvent dans notre maison de campagne. Je me repose, je profite du calme. Parfois, je pars aussi à l'étranger, mais c'est plus rare.

Delphine

J'ai onze jours de repos en plus par an. Je fais tout ce que je n'ai pas le temps de faire habituellement : aller chez le médecin, régler des problèmes administratifs.

Jérôme

Avec neuf jours de repos supplémentaires, j'ai plus de week-ends libres. Nous partons en province voir la famille. On a plus de temps pour promener le chien ou encore pour louer des DVD.

Laure

J'ai seize jours de repos supplémentaires par an. Une chance pour garder les enfants pendant les vacances scolaires. Mais, financièrement, on ne peut pas partir plus en vacances. Alors, je passe plus de temps dans les magasins. Je suis une fan des grandes surfaces. Pour faire les courses, il y a moins de monde, c'est moins stressant, mais on dépense plus !

1

Associer les prénoms des personnes au titre qui résume ce qu'ils font de leur temps libre. Attention, il y plus de titres que de personnes.

A. Retrouver la famille
B. Faire du sport
C. Rattraper le retard
D. Visiter les expositions
E. Jardiner
F. Faire les courses
G. Aller au cinéma
H. Se reposer dans la nature
I. Bricoler

Joël	Delphine	Jérôme	Laure

2

Qui dit quoi ? Notez le prénom de la personne en face de l'affirmation qui correspond.

1. Aller au supermarché quand les autres travaillent, c'est pas mal : ....

2. J'aime les week-ends plus longs et plus tranquilles : ....

3. C'est une chance de pouvoir voyager de temps en temps : ....

4. Plus de temps c'est bien, mais il faudrait plus d'argent aussi : ....

EXPRESSION ÉCRITE

(20 pts)

Écrire un message simple pour donner des renseignements sur l'organisation d'une rencontre et ses préparatifs, faire accepter une offre, demander quelque chose à quelqu'un

Vous venez de réussir vos examens de fin d'année, vous décidez de faire une fête avec vos amis. Vous écrivez une petite carte d'invitation (50 à 60 mots). Vous expliquez pourquoi vous faites cette fête, où, quand... Vous décrivez 2 ou 3 activités que vous voulez organiser et vous demandez à vos amis de vous aider (2 choses précises).

....
....
....
....
....
....
....
....
....
....
....

Avant de commencer, réfléchissez à ce qui est demandé :

- écrire une carte amicale ;
- inviter à une fête ;
- donner les raisons de la fête ;
- donner des informations sur le lieu, le moment ;
- décrire des activités de fête ;
- demander de l'aide.

Voici la grille qui va évaluer votre travail :

✓ **Adéquation au sujet :**	8 pts
• Capacité à donner des informations sur l'événement : pourquoi, où, quand.	2
• Capacité à parler de 2/3 activités	2
• Capacité à demander de l'aide	4
✓ **Lisibilité de la production**	2 pts
✓ **Compétence linguistique :**	10 pts
• Exactitude morphosyntaxique	6
• Richesse lexicale	4

EXPRESSION ORALE ET INTERACTION

(20 pts)

Interagir de façon simple sur un sujet familier, répondre à des questions personnelles
Discuter simplement de questions quotidiennes

Deux activités au choix :

Présentation

*Présentez une personne de votre famille que vous aimez bien : décrivez-la,
dites quelles sont ses activités habituelles (professionnelles et loisirs), ses goûts,
dites ce que vous aimez en elle.*

Savoir-faire :

- présenter une personne ;
- préciser ses relations avec elle ;
- décrire une personne ;
- parler de ses activités (donner des informations sur les lieux,
les moments, les personnes en relation avec ces activités) ;
- parler des goûts de quelqu'un ;
- exprimer une opinion simple.

Échange

*Vous téléphonez à un(e) ami(e) pour lui proposer un programme pour une soirée.
Votre ami(e) pose des questions, vous répondez.
Vous vous mettez d'accord sur les activités, sur le lieu et l'heure du rendez-vous.*

Voici la grille qui va évaluer votre travail :

Savoir-faire :

- entrer en contact par téléphone, prendre congé
et saluer ;
- proposer des activités de loisirs (parler des actions,
des lieux, des moments, des personnes en relation
avec ces activités) ;
- répondre à des questions sur des propositions
d'activités ;
- argumenter très simplement ;
- fixer un rendez-vous (donner des informations
sur le lieu, l'heure, le moment de la journée...).

✓ Capacité à communiquer :	10 pts
• Adaptation à la situation proposée	3
• Adéquation des actes de parole	4
• Capacité à répondre aux questions de l'interlocuteur, à relancer l'échange	3
✓ Compétence linguistique :	10 pts
• Compétence phonétique	3
• Compétence morphosyntaxique	4
• Richesse lexicale	3

COMPRÉHENSION ORALE

Activité phonétique

(25 pts)

(5 pts)

Vous allez entendre 10 phrases une seule fois. Après chaque phrase, vous aurez quelques secondes pour répondre.
Cochez oui *dans la case qui correspond à la phrase que vous entendez, cochez* non *dans celle qui ne correspond pas à cette phrase.*
D'abord lisez les phrases.
Voici un exemple :

	OUI	NON
0. *Nous aimons le soir.*	☒	☐
1. Je préfère le thé.	☐	☐
2. Le pain est chaud.	☐	☐
3. Quel bon ton !	☐	☐
4. Ils habitent dans le virage.	☐	☐
5. C'est bien vrai !	☐	☐
6. Il n'y a plus de sous.	☐	☐
7. Elle n'a rien vu.	☐	☐
8. J'achète toujours de l'eau.	☐	☐
9. Je l'ai mis dessus.	☐	☐
10. C'est un bon banc.	☐	☐

Compréhension d'annonces et d'échanges simples

(20 pts)

Vous allez entendre 4 extraits (annonces, messages téléphoniques, conversations, micro-trottoir...) deux fois.
D'abord vous aurez quelques secondes pour lire les questions, puis vous entendrez chaque extrait, vous aurez alors quelques secondes pour répondre (entourez la lettre correcte ou notez votre réponse).

1
Extrait 1
Entourez la lettre correcte.

(2 pts)

1. Florence téléphone

    A. pour annuler un dîner.
    B. pour déplacer une sortie.
    C. pour fixer l'heure d'une réunion.

2. Éric doit

    A. attendre un nouvel appel de Florence.
    B. aller la chercher à 20 h 00.
    C. se rendre plus tard au Lapin Gourmand.

2

Extrait 2
Entourez la lettre correcte ou notez votre réponse.

(5 pts)

1. Sur France 3 à 20 h 55, on annonce

    A. une émission de variétés.
    B. un documentaire.
    C. un film.

2. *Capital* passe à quelle heure ? à ...... heures ....

3. Cette émission est

    A. un jeu.
    B. un reportage.
    C. un débat économique.

4. La dernière émission est

    A. un journal d'informations.
    B. une émission politique.
    C. une retransmission sportive en direct.

3

Extrait 3
Entourez la lettre correcte ou notez votre réponse.

(9 pts)

1. Monsieur Touboul téléphone

    A. pour annuler sa réservation.
    B. pour changer de réservation.
    C. pour faire une réservation.

2. Il parle de places de

    A. cinéma.
    B. concert.
    C. théâtre.

3. Pour quand ?

    A. demain soir
    B. aujourd'hui
    C. un soir de la semaine

4. Quel est le prix d'une place ? ....

5. Quel est le numéro de carte de paiement de monsieur Touboul ?

03 ... ... 45 12 33 28

6. Au Zénith, le spectacle commence à .... heures.

4

Extrait 4

Quelle est leur opinion ? Complétez le tableau.

(4 pts)

	Anna	Stéphane
1. Pour lui, rien n'est trop beau !		
2. Vivre dans un appartement n'est pas une vie pour un animal !		
3. On ne doit pas tout offrir à un animal !		
4. Chez nous les animaux sont très aimés !		

COMPRÉHENSION ÉCRITE

Lire pour s'informer, comprendre des instructions simples, s'orienter

(20 pts)

(14 pts)

Lisez les documents et les questions.

1

Entourez la lettre correcte.

(5 pts)

– À table ! a crié Maman.

Nous sommes allés dîner, et c'était terrible ! Il y avait du poisson froid fait par maman, avec des tas de mayonnaise (j'aime beaucoup la mayonnaise), et puis il y a eu du canard avec des petits pois, et puis du fromage, et puis un gâteau à la crème, et puis des fruits, et Mémé[1] m'a laissé reprendre de tout deux fois, et même, pour le gâteau, après la deuxième fois, elle m'a donné un bout de sa part.

– Il va être malade, a dit Papa.

– Oh, pour une fois, ça ne peut pas lui faire du mal, a dit Mémé.

Et puis, Mémé a dit : « Je suis très fatiguée par le voyage en train et je veux me coucher de bonne heure. » Elle a donné des bisous à tout le monde, et puis Papa a dit : « Moi aussi, je suis très fatigué », et tout le monde est allé se coucher.

J'ai été très malade pendant la nuit, et le premier qui est venu, c'est Papa. Mémé s'est réveillée aussi, très inquiète. Elle a dit que c'était pas normal et elle a demandé : « Est-ce que le docteur est venu ? » Et puis je me suis rendormi.

D'après *Les aventures du petit Nicolas*, Sempé et Goscinny.

1. Mémé : nom familier donné à la grand-mère.

1. Quel titre convient le mieux à cet extrait littéraire ?

    A. Un repas trop copieux...
    B. La mayonnaise de Mémé était mauvaise !
    C. Un dîner en famille agité.

2. Nicolas, le petit garçon qui raconte cette histoire, dit

    A. qu'il déteste le poisson froid.
    B. qu'il préfère le gâteau aux légumes.
    C. qu'il adore tous les plats surtout la sauce.

3. Que s'est-il passé la nuit ?

    A. Le père a appelé le médecin.
    B. La grand-mère a réveillé Nicolas.
    C. Le garçon a été malade.

4. Pourquoi ?

    A. Nicolas n'a pas voulu venir à table.
    B. Mémé lui a donné trop de choses à manger.
    C. Son père et sa mère se sont disputés.

5. Mémé

    A. ne s'est pas réveillée.
    B. a appelé le médecin.
    C. a eu très peur.

2
Entourez la lettre correcte.

(5 pts)

• Des casseroles comme neuves !
Nettoyez vos casseroles brûlées avec de l'Eau de Javel pure ou un peu diluée, laissez tremper une à deux heures, rincez bien.

• Profitez de vos fleurs plus longtemps !
Versez quelques gouttes d'Eau de Javel par litre d'eau pour empêcher le développement des microbes dans l'eau du vase.

• Désinfectez et désodorisez votre réfrigérateur !
Un demi verre d'Eau de Javel par litre d'eau, laissez agir cinq minutes, mais attention rincez plusieurs fois !

CONSERVER HORS DE PORTÉE DES ENFANTS

1. Quel titre convient le mieux à ce document ?

    A. Les dangers de l'Eau de Javel...

    B. Comment bien nettoyer toute votre maison.

    C. L'eau de Javel : le bon réflexe !

2. D'après ce document l'Eau de Javel (4 réponses)

    A. enlève les taches sur les outils de cuisine.

    B. ne doit rester que quelques secondes.

    C. est dangereuse pour la peau.

    D. donne une plus longue vie aux fleurs.

    E. permet de conserver les aliments.

    F. détruit les mauvaises odeurs.

    G. doit toujours être bien rincée.

3

Entourez la lettre correcte.

(4 pts)

> PAS SUR LA BOUCHE
> Film réalisé par Alain Resnais
>
> Une comédie très originale. *Pas sur la bouche* va droit au cœur. Les dialogues sont vifs et justes. Le jeu des acteurs est naturel et sensible. *Pas sur la bouche* pétille et le spectateur se régale !

1. *Pas sur la bouche* est

    A. une histoire drôle.

    B. un film psychologique.

    C. un documentaire sur la gastronomie.

2. L'auteur dit que *Pas sur la bouche* est (3 réponses)

    A. peu banal.

    B. démodé.

    C. plein d'action.

    D. ennuyeux.

    E. agréable à voir.

    F. sans rythme.

    G. superficiel.

    H. tendre.

Lire pour s'informer et discuter

Ces six personnes cherchent un vêtement ou un accessoire. Aidez-les. Notez la lettre du vêtement ou de l'accessoire qui correspond à la personne dans le tableau ci-dessous. Attention, il y a plus de vêtements et d'accessoires que de personnes.

Michael voudrait une montre mais aussi un joli bijou pour fêter l'anniversaire de Barbara, sa petite amie.

Carla cherche un vêtement pour aller dîner chez des amis le soir de la Saint-Sylvestre : quelque chose d'élégant, bien sûr !

Anne ne voudrait pas avoir froid quand elle rentre chez elle après ses soirées au cinéma, au théâtre... Elle aime les vêtements originaux et venus d'ailleurs...

Antoine n'a pas beaucoup d'argent en ce moment. Il rêve d'un vêtement chic, chaud et surtout pas cher...

Stéphanie travaille en juillet et en août, elle cherche quelque chose de léger et plein de couleurs.

Audrey ne porte qu'une seule couleur : le blanc ! Aujourd'hui c'est justement la couleur à la mode, alors pourquoi se priver ?

Christophe adore les accessoires : gants, cravates, ceintures... quelque chose à la mode et toujours utile.

0. *Petit plaisir à offrir. Montre avec bracelet décoré de pierres semi-précieuses multicolores.*

A. C'est très mode. L'écharpe longue, longue, longue contre le froid et le vent !!!

B. Classique à la ville...
La robe imprimée à fleurs rouges et vertes avec T-shirt en soie pour un été très chaud !

C. Ça change la vie : un pull en cachemire à prix mini. Le luxe enfin possible. On en rêve !

D. Ethnique, le manteau. La mode voyage : manteau-kimono bien chaud pour l'hiver.

E. La tendance : la chemise blanche en coton. Vraiment à tout petit prix !

F. Simplement chic !
Le pantalon droit, il dessine une silhouette de rêve pour les fêtes...

G. Leçon de style : la veste en laine aux couleurs de printemps.

Michael	Carla	Anne	Antoine	Stéphanie	Audrey	Christophe
0						

EXPRESSION ÉCRITE

(20 pts)

Écrire une carte postale simple pour donner des renseignements personnels, décrire une expérience et exprimer des sentiments, faire une invitation

Intéressé(e) par cette annonce, vous faites cette randonnée. Vous écrivez une carte postale (environ 100 mots) à un(e) ami(e) pour lui décrire vos découvertes et activités (où, avec qui...). Vous lui racontez ce que vous avez fait depuis votre arrivée. Vous lui dites aussi ce que vous aimez ou détestez dans ce type de vacances et pourquoi. Enfin, vous l'invitez à venir vous rejoindre pour terminer la semaine ensemble.

Randonnée gourmande dans les Alpes.

Une balade en plein été, pour cueillir des fleurs et des fruits sauvages, c'est le programme que nous proposons à une dizaine de randonneurs.

Au total 7 jours qui vont vous emmener dans les montagnes, avec tous les soirs, un délicieux dîner dans une auberge de la région.

Rien que du plaisir...

À partir de 420 euros (sauf transport).

Avant de commencer, réfléchissez aux différents points demandés :

✀ écrire une carte postale amicale : pensez aux formules de politesse, à la présentation... ;

✀ décrire une randonnée dans les montagnes (les lieux, les personnes, les activités...) ;

✀ raconter des activités passées (repas, plats, aliments...) ;

✀ exprimer une opinion simple et justifier ;

✀ inviter, convaincre.

Voici la grille qui va évaluer votre travail :

✓ **Adéquation au sujet :**	**8 pts**
• Rituel de la lettre amicale	2
• Capacité à raconter, décrire, exprimer une opinion simple	2
• Capacité à formuler une invitation	4
✓ **Enchaînements, cohérence, lisibilité**	**2 pts**
✓ **Compétence linguistique :**	**10 pts**
• Utilisation correcte des temps des verbes et expressions de lieux et de temps	3
• Compétence grammaticale et orthographique	3
• Richesse lexicale	4

EXPRESSION ORALE ET INTERACTION

Interagir dans des échanges courants et simples, répondre à des questions et échanger des idées sur des sujets familiers, donner son opinion sur des problèmes pratiques. Discuter simplement de questions quotidiennes

Voici cinq propositions de débat : Pour ou Contre...
Préparez-vous à parler une dizaine de minutes sur le sujet que vous avez choisi. D'abord, vous exprimerez votre réaction personnelle devant le sujet proposé et vous argumenterez simplement. À la fin de votre exposé, l'examinateur vous posera quelques questions.

Pour ou Contre ?

1 L'interdiction des voitures en ville

2 L'usage du téléphone mobile au restaurant

3 Rester vivre chez ses parents après 18 ans

4 Le mariage

5 La colocation pendant les études

Savoir-faire :

- présenter le sujet/problème proposé ;
- trouver 2 ou 3 arguments pour ;
- trouver 2 ou 3 arguments contre ;
- exprimer son opinion. Donner un exemple vécu pour illustrer son opinion ;
- réagir aux questions de l'examinateur.

Voici la grille qui va évaluer votre travail :

✓ Capacité à communiquer :	10 pts
• Capacité à exprimer son opinion simplement	3
• Capacité à donner des arguments simples et à les illustrer d'exemples	4
• Capacité à répondre aux questions de l'examinateur	3
✓ Compétence linguistique :	10 pts
• Compétence phonétique et fluidité	3
• Compétence morpho syntaxique	4
• Richesse lexicale	3

Bilan 4

Activité phonétique

(25 pts)

(5 pts)

Vous allez entendre 10 phrases une seule fois. Après chaque phrase, vous aurez quelques secondes pour répondre.
Cochez oui dans la case qui correspond à la phrase que vous entendez, cochez non dans celle qui ne correspond pas à cette phrase.
D'abord lisez les phrases.
Voici un exemple :

	OUI	NON
0. *Nous aimons sortir.*	☒	☐
1. Tu as vu ce banc.	☐	☐
2. Ce lit est à Louis.	☐	☐
3. Elle préfère le thym.	☐	☐
4. On a tout casé.	☐	☐
5. Tu vois ce café ?	☐	☐
6. Quel bel ange !	☐	☐
7. Je finis mon travail.	☐	☐
8. Ce n'est pas ce qu'elle veut !	☐	☐
9. Tu veux lire !	☐	☐
10. Je rêvais de lui.	☐	☐

Compréhension de messages téléphoniques, de conversations formelles et informelles

(20 pts)

Vous allez entendre 4 extraits (messages téléphoniques, conversations, ...) 2 fois.
D'abord vous aurez quelques secondes pour lire les questions, puis vous entendrez chaque extrait, vous aurez alors quelques secondes pour répondre (entourez la lettre correcte ou notez votre réponse).

1

Extrait 1
Entourez la lettre correcte.

(2 pts)

1. La société Deloye téléphone à Mlle Rousseau pour lui dire

A. qu'elle lui propose de changer de look.
B. que sa candidature n'a pas été gardée.
C. qu'elle a oublié son rendez-vous.

2. Que doit faire Mlle Rousseau ?

A. se déplacer immédiatement
B. envoyer une lettre de candidature
C. téléphoner rapidement

2

Extrait 2
La secrétaire a pris des notes pendant la conversation. Complétez sa fiche.

(9 pts)

Message téléphonique pour .... Mme DELPAS ....

Appel de .... M. Boussat ....   **Société :** ....

RV : ... aujourd'hui, à .... heures ....,
        annulé ☐
        retardé ☐
        avancé ☐

Cause : ....

Nouveau RV fixé :   Jour : ....   Heure : ....

3

Extrait 3
Entourez la lettre correcte.

(1 pt)

Cette personne

A. raconte sa vie à Paris.
B. annonce son prochain départ.
C. déclare son amour.

4

Extrait 4
Notez votre réponse ou entourez la lettre correcte.

1. Complétez l'étiquette de l'article souhaité par cette cliente dans ce magasin.

(8 pts)

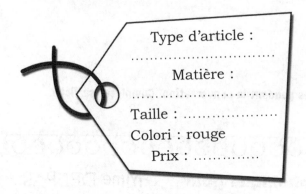

Type d'article :
....
Matière :
....
Taille : ....
Colori : rouge
Prix : ....

2. Qu'est-ce que cette cliente apprécie particulièrement ? (2 réponses)

A. la matière
B. le col
C. le prix
D. la forme
E. la couleur
F. les boutons
G. la longueur
H. les manches

3. Que demande-t-elle à la vendeuse ?

A. une autre taille
B. une coupe plus large
C. une baisse de prix

4. À la fin, que fait-elle ?

A. elle ne se décide pas
B. elle achète l'article
C. elle dit qu'elle va revenir avec son mari

COMPRÉHENSION ÉCRITE

Lire pour s'informer et discuter, s'orienter

Lisez les documents et les questions. Entourez la lettre correcte.

1
Texte 1

(5 pts)

> L'île de Batz, en Bretagne, est un à petit quart d'heure de la côte. Cette minuscule île est à découvrir à pied ou à vélo. Ses avantages : des plages de sable blanc cachées dans les rochers, un riche jardin exotique et un petit chemin qui permet de faire le tour complet de l'île en deux heures de marche. À signaler aussi, une production de légumes bios et de nombreuses activités proposées aux enfants.
>
> OFFICE DE TOURISME : 02 98 61 75 70

1. Ce document est

A. une information affichée à la porte de l'office de tourisme.
B. un extrait de guide touristique.
C. un article sur les îles bretonnes.

2. Que dit-on de l'île de Batz ? (4 réponses)

A. elle est à deux heures de bateau
B. sa surface est trop grande pour la découvrir à pied
C. il y a de petites plages discrètes
D. la bicyclette y est recommandée
E. on peut y visiter un parc aquatique
F. de riches maisons en font le tour
G. la nourriture proposée est naturelle
H. les enfants y sont privilégiés

2
Texte 2

(4 pts)

Dans *Sous le sable*, François Ozon s'est inspiré d'un événement qu'il a vécu. « J'avais 9-10 ans et j'étais en vacances avec mes parents. Sur la plage, nous croisions tous les jours un couple de Hollandais de 60 ans. Un jour, l'homme est parti se baigner et il n'est jamais revenu. Est-ce qu'il s'est noyé ou enfui ? On a vu un hélicoptère arriver sur la mer et la femme discuter avec les sauveteurs…

Cet événement a été un choc pour moi et mes frères et sœurs, il a perturbé la fin des vacances. Plus personne ne voulait se baigner. Je revois encore l'image de cette femme qui repart seule chez elle avec les affaires de son mari. Je me suis toujours demandé : que s'est-il passé après ? Cette histoire est ainsi une variation autour du souvenir… Les acteurs ont réussi à traduire cette atmosphère avec beaucoup de sensibilité ! »

1. L'homme qui parle est

A. acteur.
B. cinéaste.
C. scénariste.

2. *Sous le sable* évoque

A. un souvenir d'enfance.
B. la disparition d'un de ses amis.
C. un accident arrivé il y a une dizaine d'années.

3. Au moment de l'événement, il se sentait

A. nostalgique.
B. bouleversé.
C. indifférent.

4. Que dit-il de l'atmosphère du film ?

A. c'est un succès
B. les acteurs manquent de sensibilité
C. elle est stressante

3
Texte 3

(3 pts)

À Dijon

Il y a une semaine, le chien Bill a sauvé toute une famille de Dijon. Il a réveillé tout le monde quand le feu a commencé à brûler la maison ! Malheureusement pour lui, Bill a mordu le bébé d'un voisin le lendemain. Héros d'un jour, il est devenu tout à coup un animal dangereux. Aujourd'hui ses maîtres le gardent enfermé….

1. Cet article a pour but

A. d'informer sur les chiens dangereux.
B. de raconter un événement d'actualité.
C. de donner des conseils aux parents.

2. Quel titre convient le mieux à cet article ?

A. Bill, le chien qui a sauvé Dijon !
B. Les deux visages d'un héros.
C. Les animaux dangereux.

3. Bill

A. a ouvert la porte de la maison.
B. a attaqué les enfants de la famille.
C. a sauvé la vie de plusieurs personnes.

Lire pour comprendre la correspondance, reconnaître les principaux types de lettres habituelles

(8 pts)

Ces personnes écrivent pour quoi faire ? Indiquez, pour chaque situation, le numéro de l'extrait de lettre correspondant, dans le tableau ci-dessous. Attention, il y a plus de situations que d'extraits. Mettez une croix quand il n'y pas d'extrait correspondant à la situation.

1. À dater du 1er juillet, veuillez noter nos nouveaux horaires d'ouverture : tous les jours sauf lundi de 9 h 30 à 16 h 30.

2. Serez-vous libres dimanche 3 août à partir de 13 heures ? Espérons que le soleil sera avec nous !

A. Cécile demande de l'aide à un ami.

B. Étienne remercie le propriétaire de son studio.

3. Le réparateur est bien venu ce matin comme vous me l'aviez annoncé. Le chauffage fonctionne de nouveau. Je vous remercie de votre aide si rapide.

C. Un magasin informe de ses promotions.

4. Je déménage samedi, tu viendrais me donner un coup de main ? Il y aura aussi Marc, Sophie et Nicolas.

D. Maria accepte une invitation chez des amis.

E. L'agence bancaire envoie une information à ses clients.

5. Vous recevrez votre matériel mardi 9 avril entre 8 h 00 et 12 h 00 sous réserve de paiement : 160 euros moins 10 % comme prévu.

F. Florence félicite Ana pour sa réussite.

G. Une entreprise écrit pour confirmer une livraison.

6. La maison est très confortable, nous passons la journée dans la piscine, le soleil brille… Quel dommage que la fin des vacances approche si vite !

H. Les Hugot invitent leurs amis à un barbecue.

I. Julien et Catherine donnent de leurs nouvelles.

7. Pour vous remercier de votre fidélité, nous vous offrons 20 % de remise exceptionnelle sur tous nos articles sur présentation de votre carte du 15 au 23 juin.

8. Super ! Je serai ravie de vous aider à partager tous les plats ! J'apporte le vin et le dessert.

E	A	B	C	D	F	G	H	I
1								

EXPRESSION ÉCRITE

(20 pts)

Écrire une lettre personnelle simple pour donner des renseignements personnels, décrire brièvement une expérience et exprimer des sentiments, faire une invitation, des projets, sur des sujets familiers relatifs au travail et aux loisirs

Intéressé(e) par cette annonce, vous avez trouvé un petit travail. Vous écrivez une lettre (environ 100 mots) à un(e) ami(e) pour lui raconter où vous êtes, ce que vous faites.
Vous lui parlez aussi de l'atmosphère et des personnes avec qui vous travaillez. Vous lui dites ce que vous aimez et ce que vous détestez dans ce travail. Vous lui proposez de vous rejoindre car il y a d'autres jobs et vous faites des projets pour les jours libres.

Hôtellerie-restauration

Jobs d'été

À vous d'exploiter les meilleures pistes en France ou à l'étranger !

Serveur, plongeur, cuisinier, femme de chambre, veilleur de nuit...

même sans expérience.

i S'adresser aux offices de tourisme des stations.

Avant de commencer, réfléchissez aux différents points demandés :

▨ écrire une lettre amicale :
pensez aux formules de politesse,
à la présentation... ;
▨ décrire une situation professionnelle
(les lieux, les personnes, les activités...) ;
▨ raconter des activités passées (rencontres,
difficulté des débuts...) ;
▨ exprimer une opinion, des sentiments ;
▨ inviter ;
▨ faire des projets.

Voici la grille qui va évaluer votre travail :

✓ Adéquation au sujet :	8 pts
• Rituel de la lettre amicale	2
• Capacité à raconter, décrire, exprimer une opinion simple	4
• Capacité à formuler une invitation	2
✓ Lisibilité de la production	2 pts
✓ Compétence linguistique :	10 pts
• Utilisation correcte des temps des verbes et expressions de lieux et de temps	3
• Exactitude morpho syntaxique	3
• Richesse lexicale	4

EXPRESSION ORALE ET INTERACTION

Interagir dans des échanges courants et simples, répondre à des questions et échanger des idées sur des sujets familiers, donner son opinion sur des problèmes pratiques. Discuter simplement de questions quotidiennes

Deux sujets au choix :

Présentation/échange

Présentez une personne que vous admirez :
scientifique, écrivain, peintre...
Parlez des grandes dates de sa vie, de son action,
dites pourquoi vous l'admirez.

Savoir-faire :

%% présenter la personne (nom, nationalité, siècle et domaine d'activité) ;
%% citer les événements importants de sa vie ;
%% dire pourquoi vous l'admirez. Argumenter de manière simple mais cohérente. Se préparer aussi à réagir aux questions de l'examinateur.

Expression de l'opinion/échange

Voici une enquête sur le thème de la vie. Six personnes ont accepté de s'exprimer. Lisez
leur témoignage et réagissez (dites ce que vous pensez, exprimez vous aussi votre opinion
sur le sujet, donnez des exemples personnels et répondez aux questions de votre professeur
et/ou de vos camarades).

Pour vous, qu'est-ce que c'est exister ?

Élisa : Pour moi, exister, c'est apprendre à se connaître soi-même.

Ali : Exister, c'est être responsable dans sa vie professionnelle.

John : Exister, c'est prendre la vie comme elle vient. Pour avoir le sentiment d'exister, il me suffit de savoir que je suis vivant. Je vois, je sens, je mange, j'entends, mes sens me disent que j'existe.

Pierre : Exister, c'est aimer et être aimé. Exister, c'est respirer, ressentir les choses, les gens, les endroits, de préférence au présent.

Évelyne : Pour moi, exister, c'est être libre de son temps. Exister, c'est se payer le luxe de faire ce que l'on aime et surtout voyager : voir les réalités des différents pays par soi-même.

Idriss : Exister, c'est réaliser mes rêves.

Savoir-faire :

%% exprimer une opinion à partir des témoignages ;
%% présenter son opinion personnelle sur le sujet ;
%% argumenter simplement en donnant des exemples personnels ;
%% réagir aux questions.

Voici la grille qui va évaluer votre travail :

✓ Capacité à communiquer :	10 pts
· Capacité à présenter le sujet et/ou à exprimer son opinion simplement	3
· Capacité à argumenter simplement et/ou à donner des exemples	4
· Capacité à répondre aux questions de l'interlocuteur, à relancer l'échange	3
✓ Compétence linguistique :	10 pts
· Compétence phonétique et fluidité	3
· Compétence morphosyntaxique	4
· Richesse lexicale	3

Niveau A1 du Cadre européen commun de référence

NATURE DES ÉPREUVES

Compréhension de l'oral Réponse à des questionnaires de compréhension portant sur trois ou quatre très courts documents enregistrés (2 écoutes)	**20 min environ**	**/25**
Compréhension des écrits Réponse à des questionnaires de compréhension portant sur quatre ou cinq documents écrits ayant trait à des situations de la vie quotidienne	**30 min**	**/25**
Production écrite Épreuve en deux parties : – compléter une fiche, un formulaire – rédiger des phrases simples (cartes postales, messages, légendes, etc.) sur des sujets de la vie quotidienne)	**30 min**	**/25**
Production orale Épreuve en trois parties : – entretien dirigé – échange d'informations – dialogue simulé	**5 à 7 min préparation 10 min**	**/25**
	Note totale :	**/100**

COMPRÉHENSION DE L'ORAL

25 points

Répondez aux questions en cochant (X) la bonne réponse, ou en écrivant l'information demandée.

Exercice 1

Vous allez entendre deux fois un document. Vous aurez trente secondes de pause entre les deux écoutes, puis trente secondes pour vérifier vos réponses. Lisez d'abord les questions. Répondez aux questions.

7 points

1. Dans ce magasin, on annonce

2 points

☐ la création de trois rayons.
☐ un nouveau jour d'ouverture.
☐ des promotions exceptionnelles.

2. Quels sont les produits concernés ? (cochez 3 réponses)

3 points

☐ des fleurs   ☐ des chaussures   ☐ de la lessive
☐ de la viande   ☐ des boissons   ☐ du saumon
☐ des gâteaux   ☐ des jupes   ☐ du fromage

3. Que propose-t-on de gagner ?

2 points

☐ de la nourriture
☐ 30 CD
☐ un voyage

Exercice 2

Vous allez entendre deux fois un document. Vous aurez trente secondes de pause entre les deux écoutes, puis trente secondes pour vérifier vos réponses. Lisez d'abord les questions. Répondez aux questions.

8 points

1. Qui téléphone à Monsieur Odon ? L'employée

2 points

☐ d'un cabinet d'assurance santé.
☐ d'une agence bancaire.
☐ d'une société de transports.

2. Elle téléphone pour lui demander

2 points

☐ de rappeler la personne.
☐ de passer la voir.
☐ de signer sa carte.

3. Quelles sont les heures d'ouverture ?   De .... à ....

2 points

4. Quels sont les jours de fermeture ?   .... et ....

2 points

Exercice 3   10 points

Vous allez entendre plusieurs petits dialogues correspondant à des situations différentes.
Vous aurez 15 secondes de pause après chaque dialogue. Puis, vous entendrez à nouveau
les dialogues et pourrez compléter vos réponses. Lisez d'abord les questions.
Pour chaque situation, mettez une croix pour indiquer « Où téléphone la personne ? »
et/ou « Qu'est-ce qu'elle demande ? »

Situation 1

Où téléphone la personne ?	
à un hôtel	
à une agence bancaire	
à une gare	
à une agence de voyage	

Qu'est-ce qu'elle demande ?	
une chambre pour 2 nuits	
un billet de train	
un aller-retour	
un rendez-vous	

Situation 2

Qu'est-ce qu'on demande ?	
un conseil	
un médicament	
un certificat médical	
un rendez-vous	

Situation 3

Où téléphone la personne ?	
à la mairie	
à une société d'assurance	
à une agence immobilière	
à l'office du tourisme	

Qu'est-ce qu'elle demande ?	
un prix	
un logement	
une adresse	
une chambre	

COMPRÉHENSION DES ÉCRITS

25 points

Exercice 1
Lisez ce document et cochez la bonne réponse.

10 points

> ### Goûté pour vous :
>
> Du lait à 0 % et un peu de parfum, pêche ou orange,
> donnent à cette boisson une agréable sensation
> de fraîcheur et de douceur.
>
> À mon avis, c'est une boisson légère avec juste
> un peu de sucre, rafraîchissante et gourmande,
> délicieuse à tout moment.

1. Ce document est écrit par

☐ un commerçant.
☐ un consommateur.
☐ un médecin.

2. Il veut

☐ vendre un produit.
☐ donner son opinion.
☐ donner des conseils.

3. On parle de

☐
Image A

☐
Image B

☐
Image C

4. Dans ce produit, il y a

☐ de l'eau.
☐ des fruits.
☐ de l'alcool.

5. Qu'en dit-on ? Il est

☐ trop sucré.
☐ excellent.
☐ très cher.

Exercice 2

Vous êtes étudiant, vous aimez les enfants et vous cherchez un petit travail quelques heures tous les soirs. Vous lisez ces offres.
Répondez aux questions.

4 points

Promener les chiens vous intéresse, notre association vous permet de trouver un petit job, une heure le matin et une heure le soir seulement, tous les jours !
Association d'aide aux animaux, 01 45 78 90 32

On recherche des jeunes pour aider les commerçants à installer et à ranger leurs produits au début et à la fin du marché.
Information à la mairie du XXᵉ : Marché Gambetta, mardi et jeudi matin

Le festival de la Rochelle recherche cet été des jeunes pour orienter les visiteurs : petits et grands !
Renseignements : festivaldelaRochelle.com

S'occuper des petits après l'école pendant une ou deux heures par jour en attendant le retour des mamans…
SOS maman, 3 rue Vavin, Paris

1. Où vous adressez-vous ? ....

2. Quand et pendant combien de temps allez-vous travailler ? ....

Exercice 3

6 points

Lisez le document ci-contre et répondez.

1. Dessinez sur le plan ci-dessous le chemin pour aller de la station de bus Luxembourg jusqu'à l'Alliance Française.

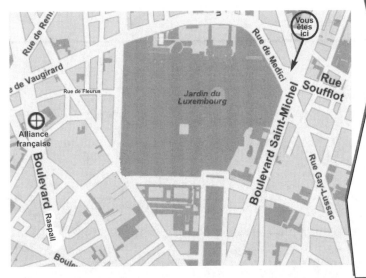

Apprendre le français…

Pour aller suivre des cours de l'**Alliance Française** c'est facile, si vous prenez le bus, vous descendez à la station Luxembourg. Après, vous traversez le jardin et vous continuez tout droit dans la rue de Fleurus jusqu'au boulevard Raspail. Vous tournez à gauche et vous continuez encore 100 m. Voilà c'est à gauche.

L'Alliance est ouverte de 8 h 30 jusqu'à 18 h 00 tous les jours sauf samedi et dimanche.

2. Le bureau d'inscription est ouvert

☐ le matin.
☐ l'après-midi.
☐ toute la journée.

3. Dans ce dépliant, on dit de traverser

☐ une rivière.
☐ un parc.
☐ une place.

Exercice 4   5 points

Lisez le document suivant et répondez.

Cuisine traditionnelle
Spécialités de poissons
Vins sélectionnés

Le TraverSière

40 rue Traversière, Deauville
Tél : 02 43 46 05 12

Salle pour mariage et anniversaire
Parking à 100 mètres
Fermeture dimanche soir et lundi toute la journée

---

1. Cette carte présente   1 point

☐ un magasin d'alimentation.
☐ une épicerie traiteur.
☐ un restaurant.

2. Où peut-on se garer, si on vient en voiture ? ....   2 points

3. Quand peut-on y aller ? ....   2 points

PRODUCTION ÉCRITE

25 points

Exercice 1   10 points

Vous voulez vous inscrire à « Gymtonic Club de Sport ». Complétez votre fiche d'inscription.

```
              Gymtonic Club de Sport
                    Fiche d'inscription

  Nom : ........................   Prénom :........................   Âge : ........
  Adresse : ....................................................................
  ............................................................................
  Profession (ou études) : ....................................................
  Tél. et/ou courriel : .......................................................
  Sports pratiqués habituellement : ...........................................
  SOUHAITS :
  Activités sportives souhaitées : ............................................
  ............................................................................
  Date de début des activités: ................................................
  Date : .................   Signature :
```

Exercice 2   15 points

*C'est dimanche, vous visitez Livarot, sa région. Vous écrivez une carte postale
à un(e) ami(e) pour lui dire où vous êtes, ce que vous faites. Vous lui parlez aussi du temps
qu'il fait et de vos rencontres. Vous lui proposez de venir avec vous un autre week-end.
Vous n'oubliez pas d'écrire le nom et l'adresse de votre ami(e).*

LIVAROT

Petit train touristique
d'autrefois

Promenade
dans la campagne,
traversée des villages
aux maisons anciennes
et aux vieux marchés...

Chaque dimanche et jour férié
du 23 juin au 1er septembre
Tarif aller-retour : 8 euros
Normandietourisme.com

PRODUCTION ORALE

25 points

L'épreuve se déroule en trois parties : un entretien dirigé, un échange d'informations et un dialogue simulé (ou jeu de rôles).

Elle dure de 5 à 7 minutes. Vous disposez de 10 minutes de préparation pour les parties 2 et 3.

Entretien dirigé (1 minute environ)

Vous répondez aux questions de l'examinateur sur vous, votre famille, vos goûts ou vos activités (exemple : quel est votre nom ? Quel âge avez-vous ? Quelle est votre nationalité ?...).

Échange d'informations (2 minutes environ)

À partir des cartes sur lesquelles figurent des mots, vous posez des questions à l'examinateur.

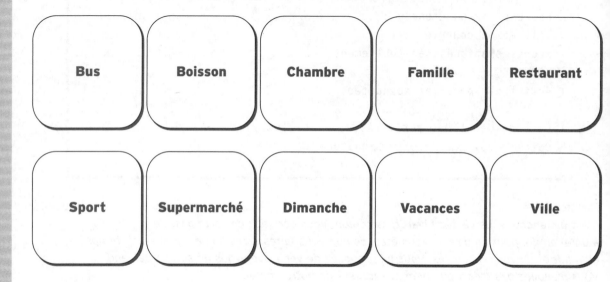

| Bus | Boisson | Chambre | Famille | Restaurant |

| Sport | Supermarché | Dimanche | Vacances | Ville |

Dialogue simulé (ou jeu de rôles) (2 minutes environ)

Vous allez simuler une situation d'achat ou de réservation. Vous êtes le client et l'examinateur le vendeur. À partir des images que l'examinateur vous a remises, vous vous informez sur le(s) produit(s) à acheter (quantité, prix) et vous achetez. Pour payer, vous disposez de photos de pièces de monnaie et de billets.

Vous montrez que vous êtes capable de saluer et d'utiliser des formules de politesse.

Dans une boulangerie pâtisserie

Dans un restaurant

Dans un magasin FNAC (livres, disques...)

Dans un magasin de vêtements

COMPRÉHENSION DE L'ORAL

25 points

Répondez aux questions en cochant (X) la bonne réponse, ou en écrivant l'information demandée.

Exercice 1

Vous allez entendre deux fois un document. Vous aurez trente secondes de pause entre les deux écoutes, puis trente secondes pour vérifier vos réponses. Lisez d'abord les questions. Répondez aux questions.

6 points

Complétez le tableau d'affichage à la gare.

TIONS... INFORMATIONS ...INFOR

TRAIN n⁰ .... POUR NICE

HEURE PRÉVUE : ....

RETARD : ....

Exercice 2

Vous allez entendre deux fois un document. Vous aurez trente secondes de pause entre les deux écoutes, puis trente secondes pour vérifier vos réponses. Lisez d'abord les questions. Répondez aux questions.

9 points

1. Complétez l'écran à l'aéroport.

✈ Vol ....

pour ....

Places nᵒˢ

de .... à ....

2. Que doivent-ils faire ?

☐ enregistrer leurs bagages
☐ se présenter au contrôle de police
☐ monter dans l'avion

Exercice 3   10 points

Vous allez entendre plusieurs petits dialogues correspondant à des situations différentes.
Vous aurez quinze secondes de pause après chaque dialogue. Puis, vous entendrez à nouveau
les dialogues et pourrez compléter vos réponses. Lisez d'abord les questions.
Pour chaque situation, mettez une croix pour indiquer « Où est-ce ? » et/ou « Qu'est-ce qu'on
demande ? »

Situation 1

Où est-ce ?	
dans un magasin	
dans une vidéothèque	
dans un bus	
dans un cinéma	

Qu'est-ce qu'on demande ?	
un DVD	
deux tickets de transport	
des places de spectacle	
un prix	

Situation 2

Où est-ce ?	
au bureau	
dans un café	
au téléphone	
dans un magasin	

Qu'est-ce qu'on demande ?	
un gâteau au chocolat	
du vin	
des bonbons	
des boissons	

Situation 3

Qu'est-ce qu'on demande ?	
d'aller chez Serge	
de rappeler Florence	
d'annuler un rendez-vous	
d'attendre un coup de téléphone	

COMPRÉHENSION DES ÉCRITS

25 points

Exercice 1

10 points

Vous venez de lire ce document. Cochez la bonne réponse.

RESTAURANT SUR L'EAU

Un lieu unique, un des plus beaux restaurants de Paris.
Dîner dans un décor du futur,
parmi un millier de poissons, avec un aquarium géant sous vos pieds,
dépaysement assuré.
Vous dégusterez une fine cuisine chinoise...

UN RESTAURANT À DÉCOUVRIR ABSOLUMENT !

1. Ce document est extrait

- ☐ d'un carnet d'adresses gourmandes.
- ☐ de la rubrique cuisine d'un magazine.
- ☐ de la page culturelle d'un guide touristique.

2. Cet endroit est intéressant pour (2 réponses)

- ☐ son atmosphère.
- ☐ la découverte de ses fonds marins.
- ☐ sa gastronomie.
- ☐ ses poissons cuisinés.
- ☐ la dégustation de ses fruits asiatiques.
- ☐ ses prix.

3. Quelle est l'opinion de l'auteur ? Il le trouve

- ☐ assez intéressant.
- ☐ trop futuriste.
- ☐ exceptionnel.
- ☐ très ordinaire.

4. On parle de cuisine

- ☐ traditionnelle.
- ☐ étrangère.
- ☐ futuriste.

Exercice 2

4 points

Vous voulez aller au cinéma ce soir. Vous êtes un peu fatigué(e) et vous voulez vous amuser.
Vous lisez ces annonces de films. Vous répondez aux questions.

> **Le carrefour de la mort**
> Un voleur attaque une banque. La police n'est pas loin… Course poursuite, suspense…
> Excellente composition de Guillaume Barbot.
> **Film de Xavier Tessier. 1 h 55**
>
> **Je t'aime !**
> La passion d'un chauffeur de camion et d'une serveuse. L'histoire d'un amour fou.
> **Film de Éric Degas avec Stéphanie Legas et Hervé Ducoin. 2 h 45**
>
> **Alerte !**
> Un scientifique alerte les autorités d'une petite ville et doit faire face à une éruption volcanique !
> **Film de Serge Bono, avec Sylvie Page et Antoine Barot. 2 h 30**
>
> **Les bronzés**
> Des touristes font connaissance sous le soleil et au milieu des rires ! C'est drôle, un bon moment
> de détente assuré !
> **Film de Patrice Leconte. 1 h 50**

1. Vous choisissez de voir quel film ? ....

2. Quelle est la durée du film ? ....

Exercice 3

6 points

Lisez le document suivant et répondez aux questions.

📧 Envoyer maintenant 🔄 📋 🔗 ▾ 🗑 📎 🖊 ▾ 🖥 Options ▾ 🎬 Insérer ▾ 📋 Catégories ▾

```
Coucou,
Marc et moi, on t'invite au restau ce soir. C'est facile, tu prends
le métro jusqu'à Gambetta. En sortant du métro, tu prends la rue à
gauche de la mairie. Tu fais 100 mètres. Tu passes devant le jardin
et c'est juste en face : Le Chantefabre. On t'attend vers 20 h 30.
Bisou
Sophie
```

1. Dessinez sur le plan ci-contre le chemin pour aller
au rendez-vous de vos amis.

2. *Le Chantefabre* est

☐ un théâtre.
☐ un jardin.
☐ un restaurant.

3. Le rendez-vous est

☐ aujourd'hui.
☐ demain soir.
☐ samedi à 20 h 30.

Exercice 4   5 points

Lisez le document suivant et répondez aux questions.

> **CRÉDIT FINANCIER EUROPÉEN**
>
> Votre agence est ouverte
>
> Du lundi au vendredi
> De 9 h 00 à 12 h 30 et de 13 h 30 à 16 h 30
> et le samedi matin.
>
> Votre conseiller reçoit sur rendez-vous au :
> 01 34 67 98 49

1. Cette affiche informe sur   1 point

- [ ] une agence de tourisme.
- [ ] une banque.
- [ ] un cabinet immobilier.

2. Pour prendre rendez-vous avec un conseiller, il faut   2 points

- [ ] se déplacer.
- [ ] écrire une lettre.
- [ ] téléphoner.

3. Quand est fermée l'agence ? ....   2 points

PRODUCTION ÉCRITE

25 points

Exercice 1   10 points

Vous voulez vous inscrire au vidéo club de votre quartier.
Complétez votre fiche d'inscription.

> ## Club VidéoMagic
>
> <u>Fiche d'inscription</u>
>
> Nom : .... Prénom :..................... Âge : ....
>
> Adresse : ....
>
> ....
>
> Profession (ou études) : ....
>
> Tél. et/ou courriel : ....
>
> Quel type de vidéos regardez-vous en général ? ....
>
> ....
>
> ....
>
> Type de films préférés : ....
>
> ....
>
> Date : ....   Signature

Exercice 2   15 points

*Vous avez loué un des studios de l'annonce. Vous écrivez une courte lettre (40 à 50 mots)
à un(e) ami(e) pour décrire le studio et où il se trouve. Vous l'invitez à venir passer quelques
jours avec vous, vous lui racontez les activités que vous pourrez faire ensemble.*

Vous désirez recevoir chez vous
de la famille, des amis
mais vous manquez de place ?

Pour un week-end, une semaine ou plus,
notre Résidence « La Mer » vous propose
des séjours dans des studios pour 4 personnes.

Ouvert toute l'année, appelez-nous
et venez visiter !

....

....

....

....

....

....

....

....

....

....

....

....

....

....

....

....

PRODUCTION ORALE

25 points

L'épreuve se déroule en trois parties : un entretien dirigé, un échange d'informations et un dialogue simulé (ou jeu de rôles).
Elle dure de 5 à 7 minutes. Vous disposez de 10 minutes de préparation pour les parties 2 et 3.

Entretien dirigé (1 minute environ)
Vous répondez aux questions de l'examinateur sur vous, votre famille, vos goûts ou vos activités (exemple : quel est votre nom ? Quel âge avez-vous ? Quelle est votre nationalité ?...).

Échange d'informations (2 minutes environ)
À partir des cartes sur lesquelles figurent des mots, vous posez des questions à l'examinateur.

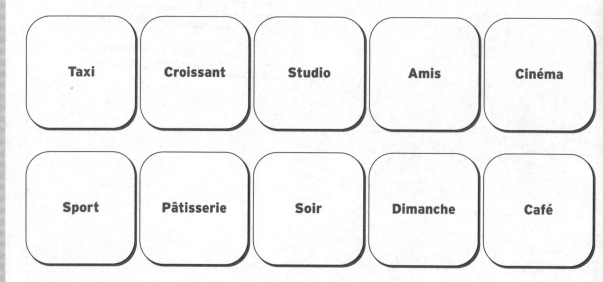

Taxi	Croissant	Studio	Amis	Cinéma
Sport	Pâtisserie	Soir	Dimanche	Café

Dialogue simulé (ou jeu de rôles) (2 minutes environ)
Vous allez simuler une situation d'achat ou de réservation. Vous êtes le client et l'examinateur le vendeur.
À partir des images que l'examinateur vous a remises, vous vous informez sur le(s) produit(s) à acheter (quantité, prix) et vous achetez. Pour payer, vous disposez de photos de pièces de monnaie et de billets.
Vous montrez que vous êtes capable de saluer et d'utiliser des formules de politesse.

Dans un supermarché

Dans un café

Dans un aéroport

Dans un magasin de vêtements

CORRIGÉS & TRANSCRIPTIONS

BILAN 1
DOSSIERS 1, 2, 3

COMPRÉHENSION ORALE

Intonation

1. Question – 2. Affirmation –
3. Affirmation – 4. Question –
5. Question – 6. Affirmation

TRANSCRIPTION

Exemple 1 : Vous parlez français ?
Exemple 2 : Vous parlez français.
1. Tu comprends bien ?
2. Tu comprends bien.
3. Le bus arrive.
4. Le bus arrive ?
5. Il aime sortir ?
6. Il aime sortir.

Compréhension d'annonces, de messages...

1. Annonce dans un lieu public –
2. Message personnel – 3. Message
professionnel – 4. Message personnel – 5. Annonce dans un lieu
public – 6. Message professionnel –
7. Message personnel – 8. Annonce
dans un lieu public

TRANSCRIPTION

1. Monsieur Lepage est prié de
se présenter à l'accueil au rez-
de-chaussée du magasin.
2. Salut Amélie, c'est Marc. Je ne
peux pas venir ce soir. Rappelle-
moi sur mon portable avant midi,
s'il te plaît !
3. Mademoiselle Peltier, dès votre
arrivée au bureau, pouvez-vous
téléphoner à l'agence pour réserver une place sur le vol de New York
de ce soir à 22 h 00, s'il vous plaît ?
4. Vous êtes sur le répondeur
de Nicolas et Claude. Nous ne
sommes pas là pour le moment.
Laissez un message, nous vous
rappellerons dès notre retour.
5. Le train à destination de Lille
entre en gare voie B : 3 min d'arrêt.
6. Bonjour, Monsieur Jothy à
l'appareil. Je vous appelle pour ma
commande du 8, nous sommes le
10 aujourd'hui et je n'ai toujours
rien. Pouvez-vous me rappeler
d'urgence au 01 42 84 90 01 ? Merci.
7. Mme Lebas, bonjour, c'est
Camille de l'agence de voyage.
Vos billets sont arrivés. Vous pouvez venir les chercher quand vous
voulez. Je vous rappelle que
l'agence est ouverte de 9 h 00 à
19 h 00.
8. Bienvenue dans votre magasin
Prixfou. Il est 9 h 00, le magasin
ouvre ses portes et nous vous souhaitons une excellente journée.

Compréhension d'échanges simples sur des sujets familiers

1. B – 2. Lee est chinoise, Kate est
australienne, Yannis est grec, Carla
est brésilienne, Steve est américain. –
3. B – 4. C – 5. B – 6. A – 7. C

TRANSCRIPTION

La journaliste : Bienvenue sur
Radio Paris. Aujourd'hui, nous
avons invité 5 jeunes étrangers
en vacances dans notre ville.
Nous voulons savoir ce qu'ils
aiment ici. Quelles sont leurs
découvertes et leurs surprises...
Lee, vous êtes chinois, alors dites-
nous tout !

Lee : Moi, ma grande surprise,
c'est de retrouver sur les bords
de la Seine, à Paris, la Cité inter-
dite de ma ville : le palais des
expositions de Chinagora !
J'adore me promener dans son
jardin secret et boire du thé
comme à Pékin, à l'ombre d'un de
ses 9 dragons !

La journaliste : Et vous, Kate ?

Kate : Justement sur la Seine
pour moi ce qui est une surprise,
c'est de pouvoir prendre le bato-
bus ! Bien sûr, ce n'est pas un vrai
bus comme dans mon pays, en
Australie. Cela ne va pas très vite
et il n'y a que 8 stations mais ça
c'est quand même super !

La journaliste : Yannis, vous êtes
australien aussi, je crois ? Vous
aussi c'est la Seine que vous
préférez ?

Yannis : Non, non, je suis grec. Eh bien moi, je préfère les petits restos ! À Paris, c'est vraiment formidable. On peut faire le tour du monde autour des tables parisiennes : rue Mouffetard, dans le quartier Saint Michel, ou encore au métro Châtelet. Là, je connais une petite rue vraiment incroyable : on peut y manger toutes les cuisines du monde !

Carla : Ah oui ! Je connais ! Tu parles de la rue des Lombards ! Eh bien moi c'est aussi une rue que j'adore mais pour la musique ! Rock, folk, sud américaine, et surtout le jazz !! Tous les clubs sont super sympas et la nuit est magique !

La journaliste : Eh oui Carla, je comprends qu'une Brésilienne comme vous adore la musique ! Pour finir demandons à Steve qui est américain ce qu'il pense...

Steve : Eh bien moi, c'est une balade que j'aime particulièrement : oui, une promenade romantique dans l'île Saint Louis. La semaine, les vieilles rues de cette petite île sont celles d'un village. Et les glaces y sont merveilleuses : 72 parfums dont 8 chocolats différents : ça, c'est vraiment le bonheur !!!

COMPRÉHENSION ÉCRITE

Lire pour s'orienter

Dans un magasin : 1, 8, 11 – Sur un distributeur automatique de billets : 4 – Sur la porte d'un cinéma : 9 – Dans une gare : 5, 12 – Dans une école : 13 – Dans le bus : 7, 14 – Sur la porte d'un restaurant : 2, 10

Comprendre un message simple sur un sujet familier

1
C, D, A, B, F, G, E

2
1. B – 2. C – 3. Mardi : match au stade de France, bistrot/café, Mercredi : promenade/balade sur la Seine/en bateau, déjeuner au restaurant/sur bateau – 4. B – 5. C'est sympa. C'est super. – 6. Dimanche à 22 h 00 – 7. C

BILAN 2
DOSSIERS 4, 5, 6

COMPRÉHENSION ORALE

Activité phonétique

1. non – 2. non – 3. oui – 4. non – 5. non – 6. oui – 7. non – 8. oui – 9. non – 10. non

1. Il habite trente rue du Louvre.
2. Ce vent est mauvais.
3. Il a soixante et onze ans.
4. Ça coûte douze euros.
5. Ils ont dix enfants.
6. Que c'est beau !
7. Elles font dormir.
8. Ils habitent en Suisse.
9. J'ai rencontré une amie.
10. Ils ont gagné.

Compréhension d'annonces, de messages, d'échanges simples

1
Train n° 102 – Voie D – Temps d'arrêt : 3 min

2
1. C – 2. B – 3. C

3
dimanches – décembre
9 heures – 21 heures

4
1. B – 2. 18° au nord, 23° au sud

5
1. C – 2. à 20 h 30

6
1. C – 2. A, C, D, H

Extrait 1
Le train 102 en provenance de Marseille et à destination de Toulouse entre en gare voie D. 3 min d'arrêt.

Extrait 2
Votre attention, s'il vous plaît ! En raison des fortes chutes de neige sur Paris, le vol AF 305 à destination de Lille est annulé. Les passagers sont priés de se présenter au comptoir de la compagnie pour de plus amples informations.

Extrait 3
À l'occasion des fêtes de fin d'année, votre magasin Prixfou sera ouvert les dimanches 7 et 14 décembre de 9 h 00 à 21 h 00, sans interruption. Profitez-en pour faire vos achats de Noël !

Extrait 4
Aujourd'hui, le temps va rester nuageux sur l'ensemble du pays et le soleil sera rare. On attend même quelques pluies en matinée. Toutefois, on annonce des températures douces pour la saison : 18° au nord et 23° au sud.

Extrait 5
– Allô, Justine ? C'est Étienne.
– Étienne, salut. Comment vas-tu ?
– Ça va. Dis donc, je fais une petite fête avec des amis ce soir. Tu veux venir ?

– Bien sûr, c'est où ?

– C'est au café du Nord. Tu sais, c'est place de la mairie juste à côté de l'entrée du parc.

– Ah oui ! Je vois.

– Bon, alors, je t'attends à 20 h 30. Salut !

– Salut.

Extrait 6

Ouvrez grands vos yeux et respirez bien : vous êtes dans la région Rhône-Alpes !

Marcher, grimper, pédaler, voler : toutes les couleurs de vos passions sont dans la nature, alors choisissez... Goûtez le bonheur d'un vol en parapente, offrez-vous une escalade en montagne, descendez les rivières en canoë-kayak. Voile, natation, planche à voile, partie de pêche vous attendent aussi sur les grands lacs !

Enfin, entrez dans l'histoire. L'art est votre meilleur guide : jazz, musique classique, allez de concerts en festivals sans oublier les nombreux musées !

Et, après une journée bien remplie, vous pourrez enfin déguster les délices de la gastronomie régionale : ses vins, ses fromages... Festival de lumières, merveilles d'architecture et trésors d'émotion, le patrimoine de la région Rhône-Alpes va combler votre gourmandise de curiosité et de découverte !

COMPRÉHENSION ÉCRITE

Lire pour s'orienter et s'informer

1

1. B – 2. C – 3. B

2

1. mariage royal en 2003 – 2. une réussite

3

1. C – 2. A – 3. B – 4. C – 5. C

Lire pour s'informer et discuter

1

Joël : H – Delphine : C – Jérôme : A – Laure : F

2

1. Laure – 2. Joël – 3. Joël – 4. Laure

BILAN 3
DOSSIERS 7, 8, 9

COMPRÉHENSION ORALE

Activité phonétique

1. non – 2. oui – 3. non – 4. non – 5. oui – 6. oui – 7. non – 8. non – 9. non – 10. oui

TRANSCRIPTION

Exemple : Nous aimons le soir.
1. Je préfère l'été.
2. Le pain est chaud.
3. Quel bon temps !
4. Ils habitent dans le village.
5. C'est bien vrai !
6. Il n'y a plus de sous.
7. Elle n'a rien bu.
8. J'achetais toujours de l'eau.
9. Je l'ai mis dessous.
10. C'est un bon banc.

Compréhension d'annonces et d'échanges simples

1

1. B – 2. C

2

1. C – 2. 22 h 45 – 3. B – 4. A

3

1. C – 2. C – 3. B – 4. 24 euros – 5. 64 96 78 – 6. 21 heures

4

Anna : 1, 4 – Stéphane : 2, 3

TRANSCRIPTIONS

Extrait 1

– Vous êtes sur le répondeur d'Éric. Je ne suis pas là pour le moment mais laissez-moi un message.

– Allô, c'est Florence. Je t'appelle pour notre dîner de ce soir. Je vais être en retard car j'ai une réunion jusqu'à 20 h 00. Rendez-vous au Lapin Gourmand comme prévu mais à 21 h 00. Rappelle-moi sur mon portable si c'est un problème. Bisous.

Extrait 2

Ce soir sur France 3 :

20 h 55 *Les oiseaux de Paris*. Cette première comédie en couleurs d'Éric Hubert est une véritable réussite. Les acteurs sont plus vrais que nature et les décors vous feront rêver.

22 h 45 *Capital : Vacances : les nouveaux paradis !* Emmanuel Cain nous entraîne comme chaque dimanche vers de nouvelles découvertes. Ce soir, quelques trucs pour voyager bon marché.

23 h 30 *Dernières nouvelles de la journée*. Les actualités nationales et régionales, tous les résultats sportifs de la journée et vos prévisions météorologiques.

Extrait 3

– La Comédie du Zénith, bonjour.

– Bonjour, je voudrais réserver trois places pour ce soir.

– Je suis désolée monsieur, il ne reste plus de place pour ce soir. Ah, veuillez patienter, on m'appelle sur une autre ligne...

Oui, allô, excusez-moi, monsieur. Écoutez, je viens juste d'avoir une annulation. J'ai donc trois places à 24 euros à l'orchestre.

– C'est parfait ! C'est au nom de Monsieur Touboul.

– Monsieur Touboul. T.O.U.B.O.U.L. Quel est votre numéro de carte de paiement s'il vous plaît ?

– C'est le 03 64 96 78 45 12 33 28.

– Voilà, j'ai tout noté. Votre débit va être de 24 euros par 3, c'est-à-dire 72 euros. Vous pourrez retirer vos billets une demi-heure avant le début de la pièce. C'est-à-dire à 20 h 30. Bonne soirée, monsieur.

– Au revoir, Madame, et merci.

Extrait 4

L'animatrice : Bonjour, aujourd'hui le thème de notre émission est : Vivre avec des animaux domestiques. Aussi comme d'habitude nous sommes allés dans la rue pour connaître votre opinion. Écoutons quelques réponses.

Le journaliste : Voilà, j'ai rencontré Anna et Stéphane qui nous confient leur opinion. Anna avez-vous un animal domestique ?

Anna : Mon chien, c'est vraiment un membre de la famille, un ami fidèle, avec lequel je vais souvent me promener. Je ne lui refuse rien : jouets, friandises... Quand je pars en week-end ou en vacances, je ne peux pas le laisser seul : je le donne à mes parents qui ont aussi plusieurs chiens et chats ! Je n'ai qu'un rêve, être entourée d'animaux.

Le journaliste : Et vous Stéphane ?

Stéphane : Moi, je n'ai pas d'animal même si j'aime beaucoup les chats. De toute façon, mon appartement est trop petit et je pense que les animaux ne sont pas vrai-

ment heureux en ville. En général, je trouve que les gens dépensent beaucoup trop d'argent pour les animaux, cela me révolte !

Le journaliste : Merci Anna et Stéphane.

L'animatrice : Maintenant à vous de nous dire ce que vous en pensez...

COMPRÉHENSION ÉCRITE

Lire pour s'informer, comprendre des instructions simples, s'orienter

1
1. A – 2. C – 3. C – 4. B – 5. C
2
1. C – 2. A, D, F, G
3
1. A – 2. A, E, H

Lire pour s'informer et discuter

Carla : F – Anne : D – Antoine : C – Stéphanie : B – Audrey : E – Christophe : A

BILAN 4
DOSSIERS 1 À 9

COMPRÉHENSION ORALE

Activité phonétique

1. oui – 2. oui – 3. non – 4. oui – 5. oui – 6. non – 7. non – 8. non – 9. oui – 10. oui

TRANSCRIPTION

Exemple : Nous aimons sortir.
1. Tu as vu ce banc.
2. Ce lit est à Louis.
3. Elle préfère le thon.
4. On a tout casé.
5. Tu vois ce café ?

6. Quel bel âge !
7. J'ai fini mon travail.
8. Ce n'est pas ce qu'elle vaut !
9. Tu veux lire !
10. Je rêvais de lui.

Compréhension de messages téléphoniques, de conversations formelles et informelles

1
1. A – 2. C
2

Appel de : **M. Boussat**
Société : **Sodec/Sodek/Sodèque**
Rendez-vous : **aujourd'hui**
à 11 heures 45   ✓ **retardé**
Cause : **problème de voiture**

Nouveau RV fixé :
Jour : **aujourd'hui**
Heure : **12 h 15 / midi et quart**

3
C
4
1. Type d'article : veste – Matière : cuir – Taille : 40 – Prix : 190 euros –
2. D, E – 3. C – 4. A

TRANSCRIPTIONS

Extrait 1

Mlle Rousseau, c'est la société Deloye. Je vous laisse un message pour vous prévenir que votre candidature a été retenue pour l'offre de relooking. Veuillez reprendre contact avec nous dès que possible pour fixer un rendez-vous.

Extrait 2

– Bonjour, Monsieur Boussat de la société Sodec à l'appareil. J'ai rendez-vous aujourd'hui avec Madame Delpas, à 11 h 45. En fait, je suis désolé mais j'ai un problème de voiture. Dites-lui que, si cela ne la dérange pas, j'aurai 30 min de retard.

– Bien Monsieur Boussat, je vais transmettre votre message à Mme Delpas. À midi et quart donc !

Extrait 3

Mon amour, tu es la meilleure chose qui me soit arrivée depuis que j'habite à Paris. Ah, je vis sur un petit nuage et rien ne me fera descendre. Tu ne peux même pas t'imaginer à quel point je suis heureuse de t'avoir rencontré. Bon, ben, écoute, je te fais le bisou le plus « gigantissime » du monde.

Extrait 4

– Bonjour Madame, je peux vous aider ?

– Oui, je voudrais savoir s'il vous reste cette veste en cuir en d'autres tailles ?

– Nous ne l'avons plus qu'en 38 et 42 mais nous en attendons d'autres pour la semaine prochaine. Quelle taille voudriez-vous ?

– Je fais du 40. Mais vous avez une veste en vitrine quelle est sa taille ?

– Ah, attendez une minute, je vais vérifier. Voilà, c'est bien un 40. Vous voulez l'essayer ?

– Oui, j'aime beaucoup la couleur et la coupe est vraiment élégante. Ah oui ! C'est vraiment ce que je voulais. Mais, les manches sont un peu longues. Elle coûte bien 190 euros ?

– Oui, oui, c'est ça.

– Vous ne faites pas un prix parce qu'elle était en vitrine, par hasard ?

– Non Madame, désolée, mais nous pouvons retoucher les manches si vous le souhaitez.

– Bon, finalement je vais réfléchir ! Merci, Madame, au revoir.

COMPRÉHENSION ÉCRITE

Lire pour s'informer et discuter, s'orienter

1
1. B – **2.** C, D, G, H
2
1. B – **2.** A – **3.** B – **4.** A
3
1. B – **2.** B – **3.** C

Lire pour comprendre la correspondance, reconnaître les principaux types de lettres habituelles

A : 4 – B : 3 – C : 7 – D : 8 – F : X – G : 5 – H : 2 – I : 6

DELF 1
numéro 1

COMPRÉHENSION DE L'ORAL

Exercice 1

1. des promotions exceptionnelles – **2.** de la viande, du saumon, du fromage – **3.** un voyage

TRANSCRIPTION

Demain samedi, venez nombreux pour participer à notre grand jeu et profitez de nos promotions : moins 30 % sur les rayons boucherie, crèmerie, poissonnerie.
De nombreux lots à gagner : livres, cassettes et un séjour aux Caraïbes !!!

Exercice 2

1. d'une agence bancaire – **2.** de passer la voir – **3.** de 9 h 30 à 16 h 00 – **4.** lundi et dimanche

TRANSCRIPTION

Allô, Monsieur Odon, je vous appelle pour vous informer que votre nouvelle carte est arrivée. Vous pouvez venir la retirer au Crédit Commercial de France tous les jours de 9 h 30 à 16 h 00 sauf lundi et dimanche.

Exercice 3

Situation 1 :
à une agence de voyage
un aller-retour
Situation 2 :
un rendez-vous
Situation 3 :
à une agence immobilière
un logement

TRANSCRIPTIONS

Situation 1 :
– Bonjour Madame, je vous appelle pour avoir des renseignements sur les vols pour Londres. Je voudrais partir le samedi 10 juin et revenir le vendredi 16.

– Oui Monsieur, voilà, il reste une place. Départ le 10 juin à 10 h 15 et retour le 16 juin à 19 h 45.

– C'est parfait, quel est le prix ?

– 300 euros TTC. Je vous réserve la place ?

– Oui, s'il vous plaît.

Situation 2 :
– Docteur Olivier ? Bonjour.

– Bonjour Madame.

– Pourriez-vous passer dans l'après-midi. Ma fille est malade. Elle a beaucoup de fièvre et très mal à la gorge depuis hier soir.

– Bon, je passerai à 14 h 30. En attendant, donnez-lui 2 comprimés d'aspirine et faites lui boire des tisanes bien chaudes avec du miel.

Situation 3 :

– Bonjour Madame, je vous appelle parce que je viens d'arriver dans le quartier et je cherche un studio à louer.

– Je peux vous proposer un grand studio près du métro. Le loyer est de 400 euros par mois, charges comprises. La surface totale est de 30 m², il est au rez-de-chaussée et il donne sur un petit jardin. Vous pouvez le visiter aujourd'hui si vous le voulez.

– Oui, je suis libre entre midi et deux heures.

– D'accord, disons 13 h 30 à l'agence.

COMPRÉHENSION DES ÉCRITS

Exercice 1

1. un consommateur – **2.** donner son opinion – **3.** image C – **4.** des fruits – **5.** excellent

Exercice 2

1. SOS maman – **2.** une ou deux heures par jour après l'école.

Exercice 3

1.

2. toute la journée – **3.** un parc

Exercice 4

1. un restaurant – **2.** parking à 100 mètres – **3.** Tous les midis sauf lundi et tous les soirs sauf dimanche et lundi.

DELF 1
numéro 2

COMPRÉHENSION DE L'ORAL

Exercice 1

1. n° 75-16, à 17 h 06
2. 10 min

TRANSCRIPTION

Nous informons les voyageurs à destination de Nice que le train 75-16 initialement prévu à 17 h 06 aura environ 10 min de retard.

Exercice 2

1. Vol n° 62-13, pour Paris, places de 15 à 30 – **2.** monter dans l'avion

---

TRANSCRIPTION

Les passagers des places 15 à 30 du vol AF 62-13 à destination de Paris sont priés de se présenter à la porte A pour embarquement immédiat.

Exercice 3

Situation 1 :
dans un cinéma
des places de spectacle
Situation 2 :
dans un café
des boissons
Situation 3 :
de rappeler Florence

TRANSCRIPTIONS

Situation 1 :

– Bonjour Monsieur, je voudrais deux places pour la séance de 20 h 00.

– Voilà Mademoiselle, ça fait 7 euros, le film commence 10 min après le début de la séance.

Situation 2 :

Nicolas : Alors Sylvie, qu'est-ce que tu veux boire ?

Sylvie : Moi je n'ai pas vraiment soif. Peut-être un chocolat...

Nicolas : D'accord. Monsieur SVP, un chocolat et une bière ?

Situation 3 :

Vous êtes bien sur le répondeur de Serge, laissez-moi un message, je vous rappellerai dès mon retour.

– Allô, Serge, c'est Florence. Qu'est-ce que tu fais ce soir ? J'aimerais bien aller au cinéma et terminer la soirée au restau. Qu'est-ce que tu en dis ? J'attends ton appel, bisou.

COMPRÉHENSION DES ÉCRITS

Exercice 1

1. d'un carnet d'adresses gourmandes – **2.** son atmosphère, sa gastronomie – **3.** exceptionnel – **4.** étrangère

Exercice 2

1. Les Bronzés – **2.** 1 h 50

Exercice 3

1.

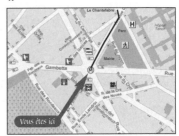

2. un restaurant – **3.** aujourd'hui

Exercice 4

1. une banque – **2.** téléphoner – **3.** samedi après-midi et dimanche

Imprimé en France par la Nouvelle Imprimerie Laballery
Dépôt légal n° 73377 - 11/2011
Collection n° 05 - Edition n° 04 - N° d'impression : 109257
15/5502/8